Valérie Fauré

Ein ganzer Zoo
mit meiner Strickmühle

Frech-Verlag Stuttgart

Titel der französischen Originalausgabe:
„Tout un zoo avec mon Tricotin"
© 1978 by Edition Selection J. Jacobs S.A. Paris

Auflage: 5. 4. 3. | Letzte Zahlen
Jahr: 1989 | maßgebend

ISBN 3-7724-1033-2 · TOPP-Nr. 1033

© 1985

GmbH + Co. Druck KG Stuttgart
Druck: Frech, Stuttgart

Vorwort

Schauen Sie doch einmal in Ihre Schränke und holen Sie die Wollreste hervor, die sich im Laufe der Zeit angesammelt haben. Daraus können Sie nun lustige, flauschige Tiere arbeiten. Die Tierkörper werden aus Futterstoff und Schaumgummiresten gefertigt und anschließend mit Strickschläuchen umhüllt.

Zur Herstellung der Strickschläuche können Sie die traditionelle Strickliesel verwenden – mit 4 Nägeln oben auf einer Garnrolle – oder aber die neuartige Strickmühle, mit der man im Nu viele Meter Strickschläuche arbeiten kann.

Bei der Strickliesel muß man noch mühsam Masche für Masche um die 4 Nägel legen. Viel einfacher geht es da mit der Strickmühle (die zu einem erschwinglichen Preis im Handel erhältlich ist). In gewisser Weise handelt es sich hier um eine Strickmaschine in Miniaturausgabe, mit Fadenführung und Nadeln mit Zungen. Ist der Wollfaden erst einmal eingeführt, dreht man die Kurbel, die Zungen schließen sich, die Maschen entstehen ganz von selbst. Dies ist nur eine kurze Beschreibung der Funktionsweise der Strickmühle; eine ausführliche Anleitung liegt jedem Gerät bei.

Blättern Sie doch einmal das vorliegende Buch durch und lassen Sie sich von unseren Vorschlägen inspirieren! Die Zootiere sowie die Zoowärter werden von Ihren Kindern „heiß geliebt" sein. Dies alles können Sie mit viel Freude und wenig Geld selber machen.

Ein ganzer Zoo mit der Strickmühle – fröhliche Stunden in Aussicht!

Inhaltsverzeichnis

Allgemeine Anleitung

Die Tierkörper werden – mit einer Aus- nahme – aus Futterstoff genäht und mit Schaumgummi ausgestopft. Der Futterstoff wird nach dem Schnittmuster zugeschnit- ten. Jedes Quadrat der Schnittmuster auf den Seiten 29 bis 46 entspricht jeweils 2 cm. Für diese Größe ist der Wollverbrauch angegeben.

So wird es gemacht: Schnittmuster in der gewünschten Größe auf Papier (oder direkt auf den Stoff) übertragen. Zuschneiden, die Teile zusammennähen, dabei eine kleine Öffnung lassen. Mit Schaumgummi aus- stopfen, dann auch diese Öffnung schlie- ßen.

Strickschläuche nach Anleitung für das je- weilige Modell arbeiten.

Strickschläuche mit unsichtbaren Stichen auf die ausgestopften Tierkörper nähen.

Die Beine, wie zum Beispiel beim Hahn oder Marienkäfer, werden aus Pfeifenreinigertei- len gearbeitet (siehe Foto 7).

Für die Augen kann man bei kleineren Tieren Perlen verwenden, bei größeren Tieren Pla- stikaugen, die in verschiedenen Größen und Farben erhältlich sind.

Einzelne Tiere, wie zum Beispiel Schaf oder Pudel, tragen Locken. Hier behilft man sich mit einem 2 cm breiten Kartonstück (siehe Foto 2).

Foto 1
Oft wird der Strickschlauch in Schnecken- form aufgerollt – wie auf diesem Foto er- sichtlich. Bei jeder Rundung wird er mit un- sichtbaren Stichen befestigt.

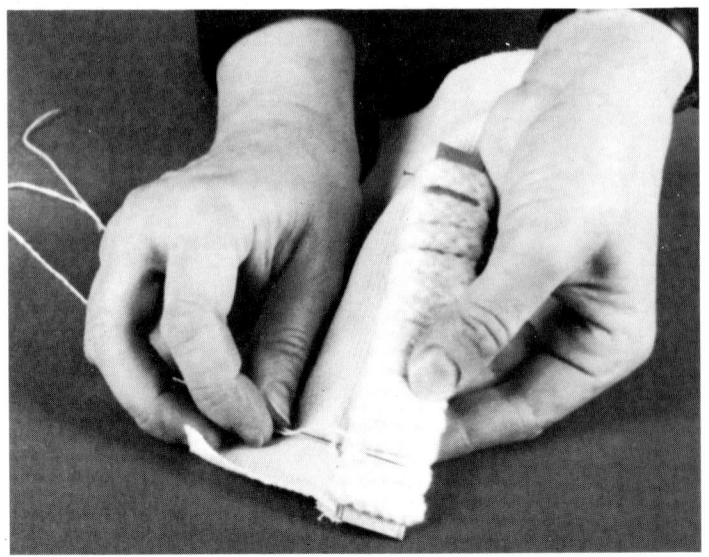

Foto 2

Einige Tiere (Pudel, Schaf etc.) haben Locken. Hier behilft man sich mit einem 2 cm breiten Kartonstück. Der Strickschlauch wird um das Kartonstück gewickelt und mit kleinen Stichen angenäht. Zum Schluß das Kartonstück herausziehen.

Foto 3

Für die Schildkröte arbeitet man das Unterteil nach den Anleitungen für das Modell auf Seite 24. Diese Häkelarbeit sieht dann wie oben auf dem Foto aus. Die Strickschläuche werden dann nach Foto 5 durch das Gitterwerk gezogen.

Foto 4
Das gehäkelte Gitter für den Fensterwurm. Die Häkelarbeit dient hier auch als Körperhülle, die mit Schaumgummi ausgestopft wird.

Foto 5
Der Strickschlauch wird mit einem Durchziehstift durch das Gitter gezogen. Den Strickschlauchanfang durch diesen Stift ziehen, dann den Stift mit dem Strickschlauch durch die einzelnen Öffnungen ziehen.

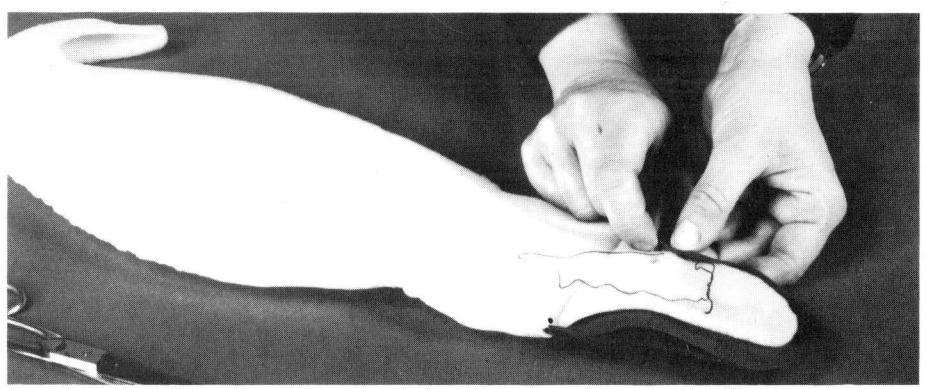

Foto 6
Der Krokodilrachen ist geöffnet, das Innere wird mit rotem Filz belegt.

Foto 7
Bei einigen Tieren werden die Füße aus Pfeifenreinigern gearbeitet. Mit einem festen Nähstich werden die drei Stücke miteinander verbunden.

Igel

Material:
Wolle: 50 g in Grünmeliert
brauner und weißer Filz
zwei Perlen à 5 mm Durchmesser
Schaumgummi
(Schnittmuster Seite 29)

Ausführung:
Für die Unterseite Strickschläuche nach Foto 1 aufrollen und mit kleinen, unsichtbaren Stichen zusammennähen und aufnähen.
Für die Oberseite des Tierkörpers Strickschläuche, wie auf Foto 2 beschrieben, kräuseln und aufnähen. Den Kopf aus braunem Filz arbeiten und mit dunkelbraunem Baumwollfaden die Schnauze im Stielstich aufsticken. Aus dem weißen Filz für die Augen zwei Kreise schneiden und aufnähen, die Perlen in die Mitte setzen.

Elefant

Material:

Wolle: 120 g in Orange, je 20 g in Grün und
Braun
zwei Plastikaugen
Schaumgummi
Futterstoff
weißer Filz
weißer Pfeifenreiniger
(Schnittmuster Seite 30)

Ausführung:

Futterstoff nach Schnittmuster zuschneiden, Teile zusammennähen, mit Schaumgummi ausstopfen, Naht schließen. Strickschläuche auf den Tierkörper nähen. Die
Plastikaugen mit etwas Klebstoff auf Kreise
aus weißem Filz kleben und diese aufnähen. Die Ohren arbeiten und annähen. Für
die Stoßzähne weißen Pfeifenreiniger zwischen die Strickschläuche stecken.

Für den Sattel 26 cm lange Strickschläuche
in Braun und Grün arbeiten. In Braun außer-
dem einen kleinen Strickschlauch für die
Zehen arbeiten und wie auf dem Foto an die
unteren Beinenden nähen.

Walfisch

Material:
Wolle: 100 g in Orange, je 60 g in Blau und in Rosa
Stoff für die Rückseite
ein großer weißer Knopf
eine Perle für das Auge
Schaumgummi
Futterstoff
(Schnittmuster Seite 31)

Ausführung:
Futterstoff nach Schnittmuster zuschneiden, Teile zusammennähen und mit Schaumgummi ausstopfen.
Strickschläuche arbeiten, dabei für den Farbwechsel die einzelnen Wollfäden durch Knoten miteinander verknüpfen und den Knoten im Schlauch verstecken. Die Flossen werden aus einzelnen Strickschläuchen zusammengesetzt und an einem Schlauch befestigt, der über die gesamte Breite des Fischkörpers verläuft. Für das Auge Knopf und Perle anbringen. Für die Rückseite Stoff zuschneiden und mit kleinen, unsichtbaren Stichen aufsetzen.

Krokodil

Material:
Wolle: 120 g in Grün
dunkelgrüner und roter Filz
für die Augen: weißer, blauer und schwarzer
Filz
Futterstoff
Schaumgummi
(Schnittmuster Seite 32)

Ausführung:
Futterstoff nach Schnittmuster zuschneiden, Teile zusammennähen, mit Schaumgummi ausstopfen, Naht schließen. Hierbei aber eine Öffnung von 15 cm für das Maul lassen, dies mit rotem Filz auslegen (wie auf Foto 6 beschrieben).

Strickschläuche auf Körper aufnähen. Den Rücken mit dunkelgrünen Filzpunkten besetzen. Beine nach Schnittmuster arbeiten und annähen. Die Augen werden aus verschieden großen Ovalen aus weißem, blauem und schwarzem Filz zusammengesetzt und aufgeklebt.

Kätzchen

Material:

Wolle: 50 g in Gelb, 15 g in Braun, Rest in Orange
zwei Plastikaugen
eine Plastiknase
Pfeifenreiniger für die Barthaare
Schaumgummi
Futterstoff

Ausführung:

Aus dem Futterstoff jeweils zwei Kreise mit 16 cm Durchmesser für den Körper und mit 11 cm Durchmesser für den Kopf schneiden, zusammennähen, mit Schaumgummi ausstopfen, Nähte schließen. Gelbe Strickschläuche kreisförmig aufnähen, dabei von der Mitte aus beginnen. Schwanz, Ohren und Füße in Braun arbeiten und ansetzen. Für das Halsband einen Strickschlauch in Orange fertigen.

Eichhörnchen

Material:
Wolle: 60 g in Braunmeliert, 20 g in Weiß
zwei Plastikaugen
Schaumgummi
Pfeifenreiniger für die Krallen
Plastikschnauze
Futterstoff
(Schnittmuster Seite 40)

Ausführung:
Futterstoff nach Schnittmuster zuschneiden, Teile zusammennähen und mit Schaumgummi ausstopfen, Naht schließen.

Für Rücken und Schwanz Strickschläuche in Braunmeliert arbeiten, für den Bauch Strickschläuche in Weiß arbeiten und auf den Tierkörper aufnähen. Für den Schwanz einen Pfeifenreiniger mit Watte und anschließend einem Strickschlauch umwickeln.

Ohren und Krallen aus kleinen Stücken Pfeifenreiniger und Strickschlauch arbeiten, Augen und Schnauze aufkleben.

Schlange

Material:
Wolle: 50 g in Braunmeliert, 40 g in Braun
zwei Plastikaugen
etwas weißen und roten Filz
Futterstoff
Schaumgummi
(Schnittmuster Seite 35)

Ausführung:
Futterstoff nach Schnittmuster zuschneiden, Teile zusammennähen und mit Schaumgummi ausstopfen, Naht schließen.
Für die Oberseite des Reptils Strickschläuche aus braunmelierter Wolle arbeiten, für die Unterseite Strickschläuche aus brauner Wolle. Aus rotem Filz eine Zunge schneiden. Aus weißem Filz zwei runde Kreise für die Augen schneiden, darauf die Plastikaugen kleben. Augen annähen.

Marienkäfer

Material:

Wolle: 30 g in Rot, 30 g in Schwarz
5 cm dickes Schaumgummistück oder
einen Schwamm
schwarzen, roten und weißen Filz
zwei Plastikaugen
(Schnittmuster Seite 34)

Ausführung:

Schaumgummistück nach Schnittmuster
zuschneiden.

Rücken und Seiten: Einen 22 cm langen,
schwarzen Strickschlauch in der Rücken-
mitte aufnähen. Einen 2 m langen roten
Strickschlauch rechts und links des schwarzen Mittelstreifens aufnähen.
Bauch: Einen 2 m langen schwarzen Strickschlauch in Schneckenform zusammenrol-
len und aufnähen.
Kopf: Einen ca. 1,25 m langen schwarzen
Strickschlauch um das Kopfstück herum
aufnähen und dieses an den Körper setzen.
Tupfen aus schwarzem Filz auf die roten
Strickschläuche kleben. Aus dem weißen
Filz zwei Halbkreise schneiden, darauf die
Plastikaugen kleben, annähen. Für die Füße
schwarze Strickschläuche nach Foto 7 ar-
beiten, am Körper befestigen.

Schaf

Material:
Wolle: 70 g in Natur, Rest in Braun
zwei Plastikaugen
brauner und roter Filz
für die Beine zwei Stäbchen 6 cm lang und
2 Stäbchen 5 cm lang
Schaumgummistück
Futterstoff
(Schnittmuster Seite 36)

Ausführung:
Nach Schnittmuster einen 5 cm dicken Körper aus dem Schaumgummistück schneiden, ebenso den Futterstoff entsprechend zuschneiden und den Körper damit beziehen. Für das Fell Strickschlauch nach Foto 2 kräuseln und auf den Futterstoff aufnähen. Der Kopf entsteht aus zwei Stücken braunem Filz und die Zunge aus rotem Filz. Die Stäbchen für die Beine werden mit braunen Strickschläuchen umwickelt, für die Vorderbeine nimmt man die längeren Stäbchen. Für die Augen winzige Stücke Strickschläuche aufnähen, die Plastikaugen daraufsetzen.

Löwe

Material:

Wolle: 130 g in Gelb, 20 g in Braun
sechs Pfeifenreiniger für die Barthaare
zwei Plastikaugen
Stoff für die Rückseite
Schaumgummi
Futterstoff
schwarzer und weißer Filz
(Schnittmuster Seite 37)

Ausführung:

Futterstoff nach Schnittmuster zuschnei-den, Teile zusammennähen, mit Schaum-gummi ausstopfen, Naht schließen. Strick-schläuche aufnähen. Für die Barthaare sechs jeweils 7 cm lange Stücke Pfeifenrei-niger mit Wolle umwickeln und mit einem Knoten zusammenhalten. Für die Nase ei-nen Kreis aus Filz ausschneiden und auf die Barthaare kleben. Die Plastikaugen auf Kreise aus weißem Filz aufkleben. Für die Mähne eine 90 cm lange Luftmaschenkette anschlagen, 3 Reihen feste Maschen arbei-ten, dazu Fransen. Dafür die Wolle um ein 4 cm breites Pappstück wickeln, von einer Seite her aufschneiden, die Pappe entfer-nen, die Fäden in die Luftmaschen ziehen, dabei jeweils zwei Fäden in eine Masche. Die Mähne um den Kopf herum aufnähen.

Eule

Material:

Wolle: 35 g in Hellblau, 35 g in Dunkelblau
etwas gelben Filz für die Augen
etwas roten und schwarzen Filz für Zunge
und Nase
zwei Plastikaugen
Futterstoff
Schaumgummi
(Schnittmuster Seite 38)

Ausführung:

Futterstoff nach Schnittmuster zuschneiden, Teile zusammennähen, mit Schaumgummi ausstopfen, Naht schließen.
Für Körper und Kopf hellblaue Strickschläuche aufnähen.
Für Flügel, Ohren und Füße dunkelblaue Strickschläuche arbeiten und aufnähen (siehe Foto). Für die Augen zwei Kreise aus gelbem Filz schneiden, die Plastikaugen daraufkleben, annähen.
Zwei kleine Kreise aus schwarzem Filz für die Nase ausschneiden und aufkleben.

Pinguin

Material:

Wolle: 60 g in Schwarz, 35 g in Gelb, 25 g in Weiß
weißen Filz
zwei Plastikaugen
Schaumgummi
Futterstoff
(Schnittmuster Seite 39)

Ausführung:

Futterstoff nach Schnittmuster zuschneiden, Teile zusammennähen, mit Schaumgummi ausstopfen, Naht schließen. Für den Bauch weiße Strickschläuche; für Rücken, Kopf und Flügel, die mit weißem Filz unterlegt werden, schwarze Strickschläuche arbeiten und aufnähen. Zwischen die Strickschläuche für die Beine etwas Karton legen, damit der Pinguin aufrecht stehen kann. Aus gelbem Strickschlauch einen Schmetterlingsknoten fertigen, der am Hals befestigt wird. Ebenfalls mit gelbem Strickschlauch die Nase umwickeln.
Die Plastikaugen auf zwei Kreise aus weißem Filz kleben und seitlich aufnähen.

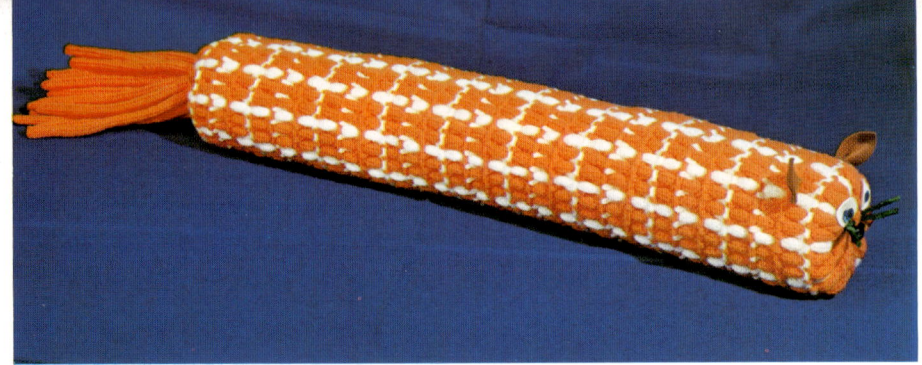

Fensterwurm

Ausführung:

Gittermuster: (*) 1 Stäbchen, 1 Luftmasche, 1 Masche der Luftmaschenkette überspringen (*), von (*) bis (*) wiederholen.

57 Luftmaschen anschlagen und im Gittermuster zwei Reihen in Orange und eine Reihe in Weiß arbeiten. Insgesamt 59 Reihen hocharbeiten. Strickschläuche längs durch das Gitter ziehen, und zwar zwei Reihen in Orange, eine Reihe in Weiß (wiederholen), dabei für den Schwanz die orangen Strickschläuche 15 cm außen stehen lassen. Danach mit Schaumgummi ausstopfen, zu beiden Enden hin kräuseln. Augen, Nase und Ohren ansetzen.

Material:

Wolle: 200 g in Orange, 100 g in Weiß
Häkelnadel Nr. 3
Schaumgummi
etwas hellbraunen Filz für die Ohren
weißen Filz für die Augen
zwei Plastikaugen
grünen Pfeifenreiniger
Plastiknase

Maus

Material:

Wolle: 40 g in Weiß; zwei schwarze Perlen für die Augen, Schaumgummi, Futterstoff, roter Filz.
(Schnittmuster Seite 40)

Ausführung:

Futterstoff nach Schnittmuster zuschneiden, Teile zusammennähen, mit Schaumgummi ausstopfen, Naht schließen. Strickschläuche arbeiten und auf Körper aufnähen. Mit schwarzem Faden die Zehen andeuten; Ohren und Schwanz werden aus

Strickschläuchen gearbeitet. Die Barthaare aus Wolle arbeiten, die Zunge in Rot aufstikken.

Meerschweinchen

Material:
Wolle: 30 g in Orange
zwei Plastikaugen
Schaumgummi
Futterstoff
(Schnittmuster Seite 40)

Ausführung:
Strickschläuche nach Foto 1 aufrollen und auf den mit Schaumgummi ausgestopften Tierkörper nähen. Pfoten, Ohren und Schwanz bestehen aus Strickschläuchen.

Pudel

Material:
Wolle: 250 g in Weiß, 10 g in Schwarz
Futterstoff
Schaumgummi
zwei Plastikaugen
etwas roten Filz
Plastiknase
Häkelnadel Nr. 3
(Schnittmuster Seite 41)

Ausführung:
Futterstoff nach Schnittmuster zuschneiden, Teile zusammennähen und mit Schaumgummi ausstopfen. Strickschläuche arbeiten, nach Foto 2 Locken machen und aufnähen, dabei zwischen den einzelnen Reihen jeweils 2 cm Abstand lassen.
Die Schnauze wird gehäkelt. 10 Luftmaschen anschlagen, beidseitig in jeder 2. Reihe 8 × 1 Masche zunehmen, Häkelarbeit beenden, aufnähen.

Für die Pfoten einen 8 cm langen Strickschlauch verwenden, biegen und mit unsichtbaren Stichen annähen. Für die Ohren Strickschläuche nach Schnittmuster arbeiten. Für die Leine aus schwarzer Wolle einen 80 cm langen Strickschlauch arbeiten, mit etwas rotem Filz umwickeln.
Schwanz, Pfoten, Ohren, Augen und Nase anbringen.

Giraffe

Material:
Wolle: 100 g in Gelb, 50 g in Braun
Schaumgummi
zwei Augen
Futterstoff
weißer und roter Filz
(Schnittmuster Seite 42)

Ausführung:
Futterstoff nach Schnittmuster zuschneiden, Teile zusammennähen, mit Schaumgummi ausstopfen, Naht schließen.
Abwechselnd 26 mal 1 m gelbe Wolle und 25 cm braune Wolle durch Knoten miteinander verknüpfen, Strickschläuche arbeiten, dabei die Knoten im Inneren des Schlauches verstecken. Strickschläuche auf eine Hälfte des Tierkörpers aufnähen, für die zweite Hälfte nocheinmal dasselbe. Kopf und Beine nach Schnittmuster in Gelb arbeiten. Giraffe mit kleinen unsichtbaren Stichen zusammensetzen. Augen, Ohren und Schwanz (einzelne Wollfäden) annähen.

Hahn

Material:
Wolle: 40 g in Weißmeliert, Rest in Rot für
den Kamm
rote Pfeifenreiniger für die Füße
zwei Plastikaugen
etwas roten Filz
Schaumgummi
Futterstoff
(Schnittmuster Seite 43)

Ausführung:
Futterstoff nach Schnittmuster zuschneiden, Teile zusammennähen, mit Schaumgummi ausstopfen, Naht schließen. Für den
Körper melierte Strickschläuche arbeiten.
Den Schnabel aus rotem Filz zurechtschnei-
den, die Augen aufsetzen, die Füße aus rotem Pfeifenreiniger herstellen (siehe Foto 7).
Für den Schwanz 9 cm lange Strickschläuche aus melierter und roter Wolle annähen.

Schildkröte

Material:
Wolle: 150 g in Rot, 250 g in Braun
Schaumgummi
Häkelnadel Nr. 3 und Nr. 4
Futterstoff
rosa und weißer Filz
(Schnittmuster Seite 44)

Ausführung:
Den Futterstoff nach Schnittmuster zuschneiden, Teile zusammennähen, mit Schaumgummi ausstopfen, Naht schließen. Dabei darauf achten, daß die Oberseite eine gewölbte Form annimmt, die Unterseite flach bleibt.

Unterteil: Mit Häkelnadel Nr. 4 in Braun (doppelter Faden) 14 Luftmaschen anschlagen, um die Luftmaschenkette herum arbeiten, dabei beidseitig in jeder Reihe 14 × 1 Masche zunehmen. Noch vier Reihen ohne Zunahmen arbeiten, Arbeit beenden.
Oberteil: Mit Häkelnadel Nr. 3 in Rot 18 Luftmaschen anschlagen, 3 Maschen überspringen, (*) 1 Stäbchen, 1 Luftmasche, 1 Stäbchen (*), 3 × von (*) bis (*) in demselben Muster arbeiten, 1 Stäbchen, 1 Luftmasche, 1 Masche überspringen, am anderen Ende in jeder Reihe 18 × 3 Zunahmen arbeiten. Rote Strickschläuche nach Foto 5 durch das Gitter ziehen.
Kopf: Mit Häkelnadel Nr. 4 in Braun (doppelter Faden) 20 Luftmaschen anschlagen und 12 Reihen in halben Stäbchen arbeiten, zum Mund hin etwas kräuseln. Zunge ansetzen.
Schwanz: Mit Häkelnadel Nr. 4 in Braun (doppelter Faden) 14 Luftmaschen anschlagen, zur Runde schließen, 7 Reihen feste Maschen arbeiten.

Füße: Mit Häkelnadel Nr. 4 in Braun (doppelter Faden) 12 Luftmaschen anschlagen, 10 Reihen in festen Maschen arbeiten.

Ober- und Unterteil zusammennähen. Kopf, Schwanz, Füße und Augen ansetzen.

Zusammengerollte Schlange

Material:
Für eine Schlange von 20 cm Durchmesser und 1,20 m Länge benötigt man 175 g Wolle – für eine Schlange von 50 cm Durchmesser, 3,60 m Länge, benötigt man 550 g Wolle.
Die Schlange kann in uni oder in mehreren Farben gearbeitet werden.
Futterstoff
Schaumgummi
zwei Plastikaugen
roter Filz
bunte Wollreste

Ausführung:
Futterstoff in Form einer Rolle zusammennähen, mit Schaumgummi ausstopfen, Naht schließen, dabei die Enden etwas ankrausen. Die Strickschläuche in uni oder in mehreren Farben arbeiten, um den Tierkörper rollen und annähen. Augen und Ohren aufnähen, aus einem Stück roten Filz die Zunge schneiden und ankleben. Bunte Strickschläuche zu einem Schwanz zusammenfassen und annähen.

Exotischer Vogel

Material:
Wolle: je 40 g in Orange, Blau und Rosa
roten Pfeifenreiniger
zwei Plastikaugen
etwas roten Filz für den Schnabel
Schaumgummi
Futterstoff
(Schnittmuster Seite 45)

Ausführung:
Futterstoff nach Schnittmuster zuschneiden, Teile zusammennähen, mit Schaumgummi ausstopfen, Naht schließen.
Strickschläuche arbeiten, dabei den Farbwechsel, wie bei dem Walfisch auf Seite 10 beschrieben, beachten.
Die Flügel seitlich ansetzen.
Die Füße werden aus rotem Pfeifenreiniger nach Foto 7 hergestellt.
Plastikaugen aufstecken.

Schwein

Material:
Wolle: 80 g in Rosa
rosa Filz für die Unterseite
zwei Plastikaugen
Schaumgummi
Futterstoff
schwarzer Filz
Pfeifenreiniger
(Schnittmuster Seite 46)

Ausführung:
Futterstoff nach Schnittmuster zuschneiden, Teile zusammennähen und mit Schaumgummi ausstopfen, Naht schließen. Strickschläuche auf den Tierkörper nähen. Augen aufnähen, mit zwei Punkten aus schwarzem Filz die Schnauze markieren.
Für den Schwanz einen Pfeifenreiniger in einen Strickschlauch ziehen und den Schlauch um den Finger wickeln, bis ein Ringelschwänzchen entsteht. Schwanz annähen.

Zoowärter

Frau TRICOTIN

Material:

Wolle: 10 g in Schwarz, 15 g in Orange, Reste in Gelb, Grün und Rosa; eine Styroporkugel mit 3 cm Durchmesser, Filzteile.

Ausführung:

Beine: Einen Strickschlauch 29 cm lang arbeiten, 2 oder 3 mal aufrollen, dabei mit unsichtbaren Stichen befestigen. Das 2. Bein und den Körper in Orange ebenso arbeiten. Körper und Beine aneinander befestigen; einen grünen Gürtel sowie grüne Schuhe herstellen und befestigen.

Kopf: Die Styroporkugel mit Wolle umwikkeln, auf den Körper setzen, Augen und Mund aus kleinen Filzstücken fertigen.
Arme: Strickschlauch in Orange, 30 cm lang, in der Mitte knicken und aneinandernähen, Hände abtrennen.
Hut: Aus Strickschläuchen einen Kreis von 7 cm Durchmesser arbeiten und einen Zipfel, der in einen Pompon endet. Die Blume mit etwas Wolle andeuten.
Kragen: Zwei Reihen feste Maschen und eine Reihe mit Schlingen.

Herr TRICOTIN

Wird wie Frau Tricotin gearbeitet, allerdings in anderen Farben. Auf Kragen und Blume am Hut wird hier verzichtet.

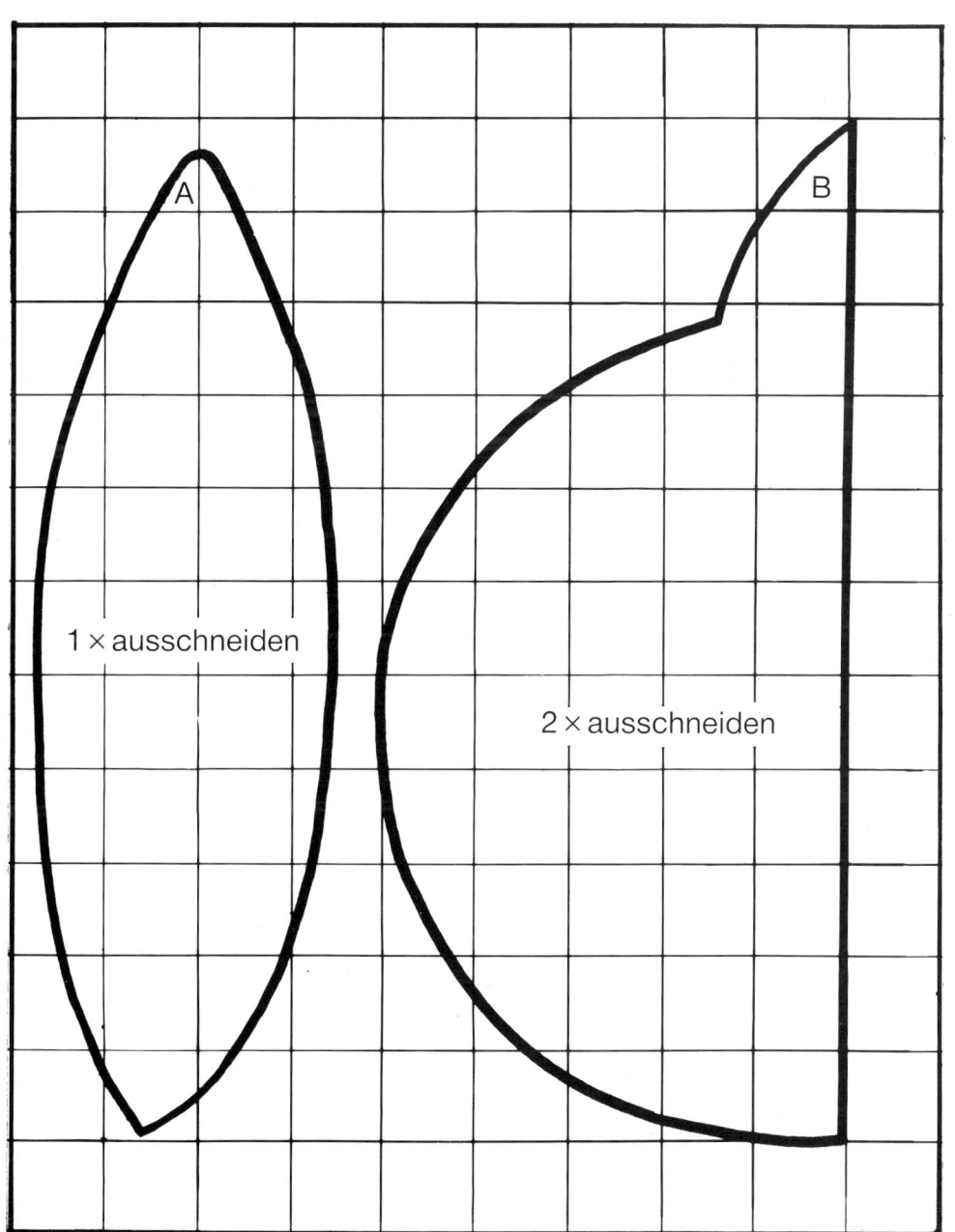

A

B

1 × ausschneiden

2 × ausschneiden

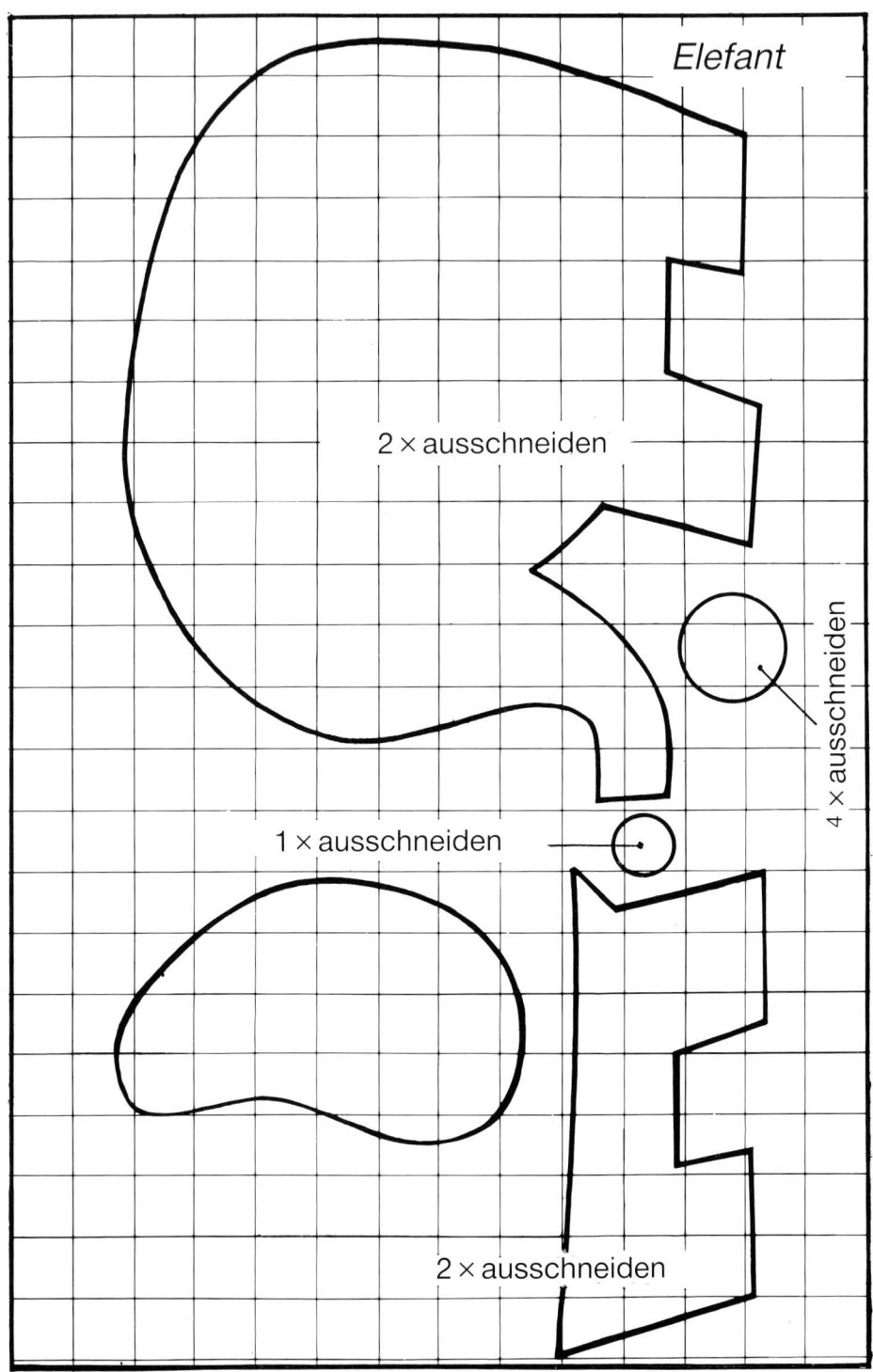

Elefant

2 × ausschneiden

4 × ausschneiden

1 × ausschneiden

2 × ausschneiden

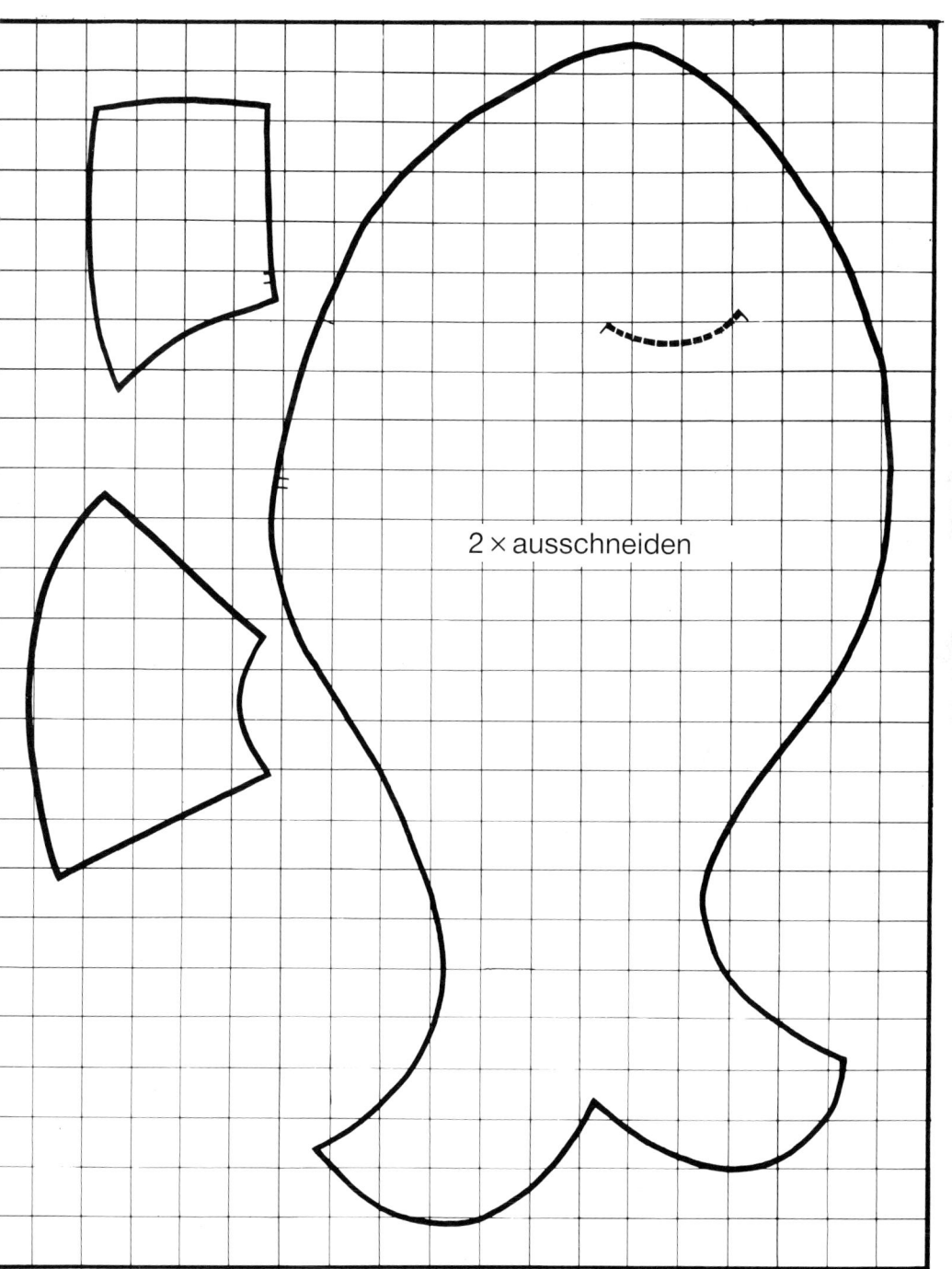

2 × ausschneiden

Krokodil

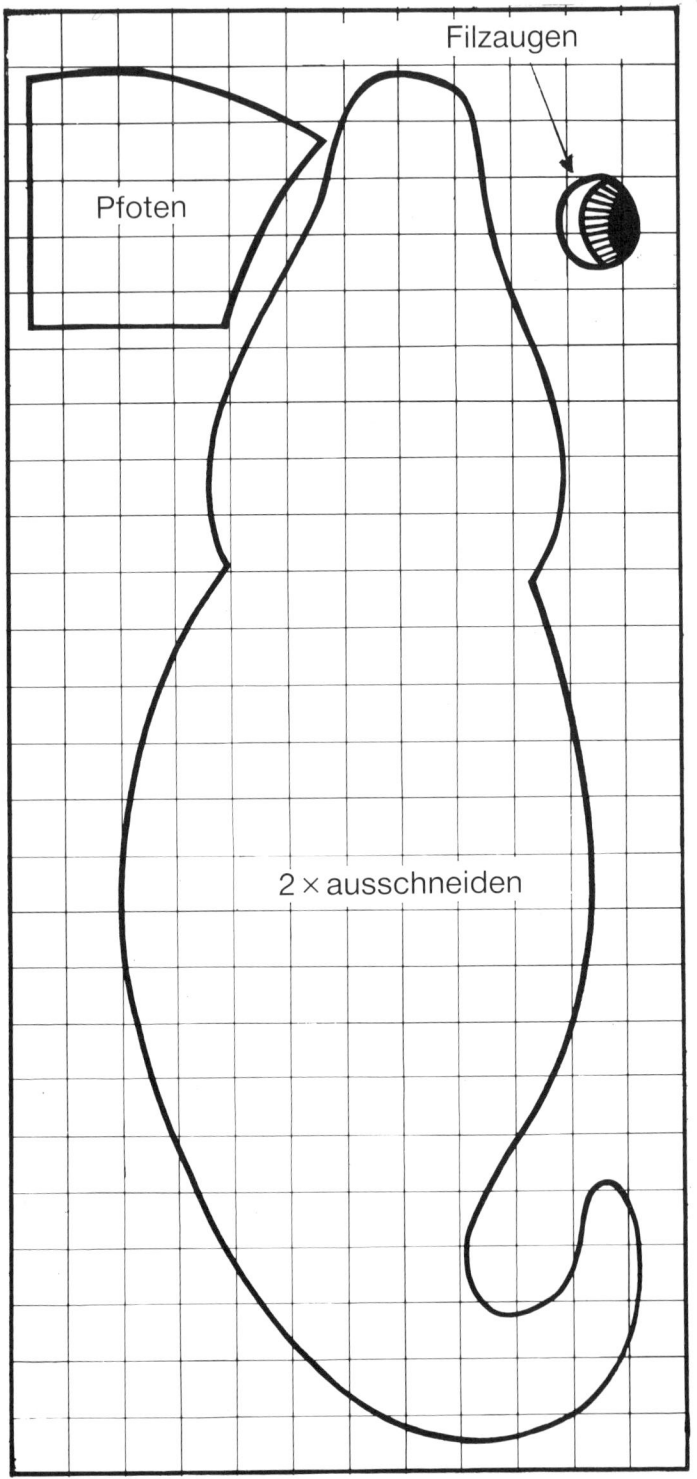

Pfoten

Filzaugen

2 × ausschneiden

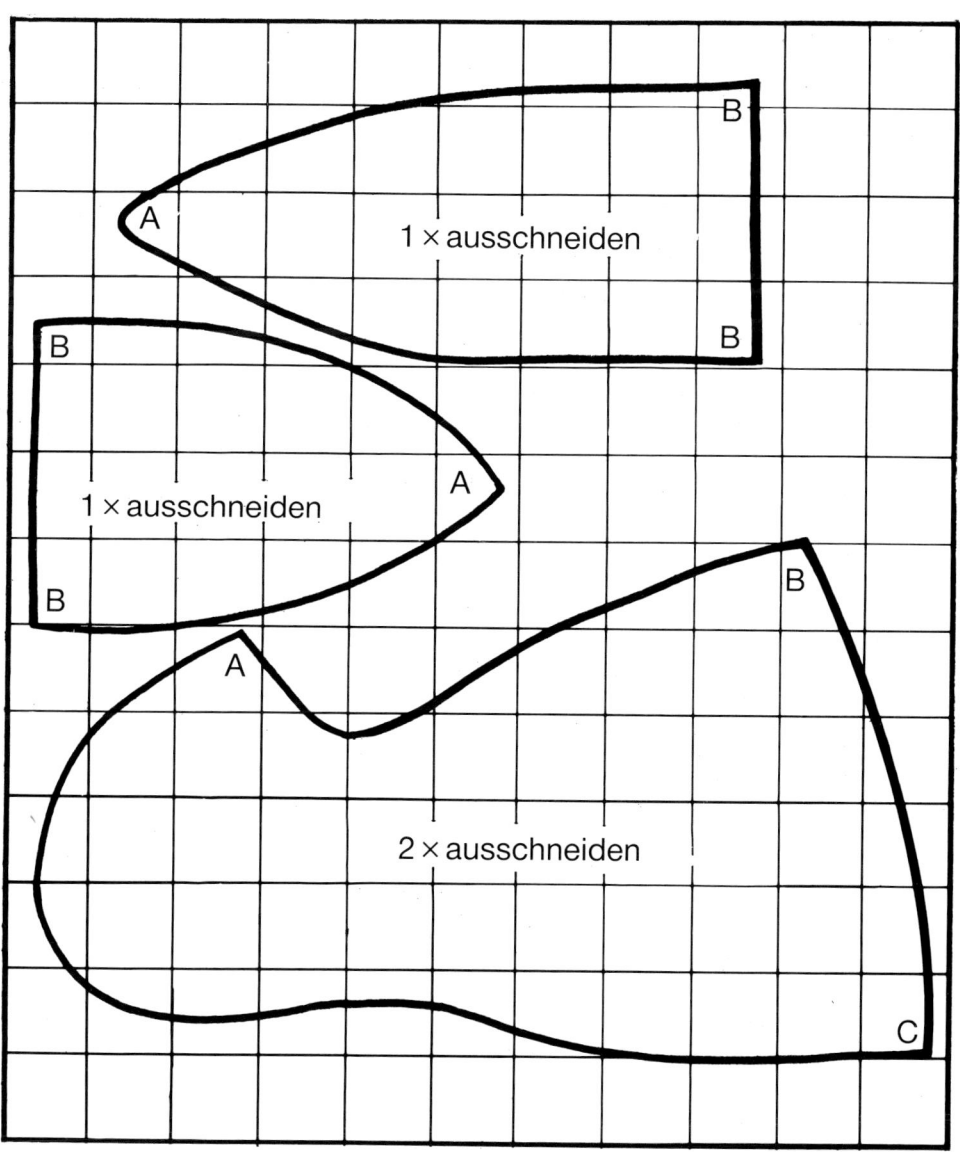

1 × ausschneiden

1 × ausschneiden

2 × ausschneiden

Marienkäfer

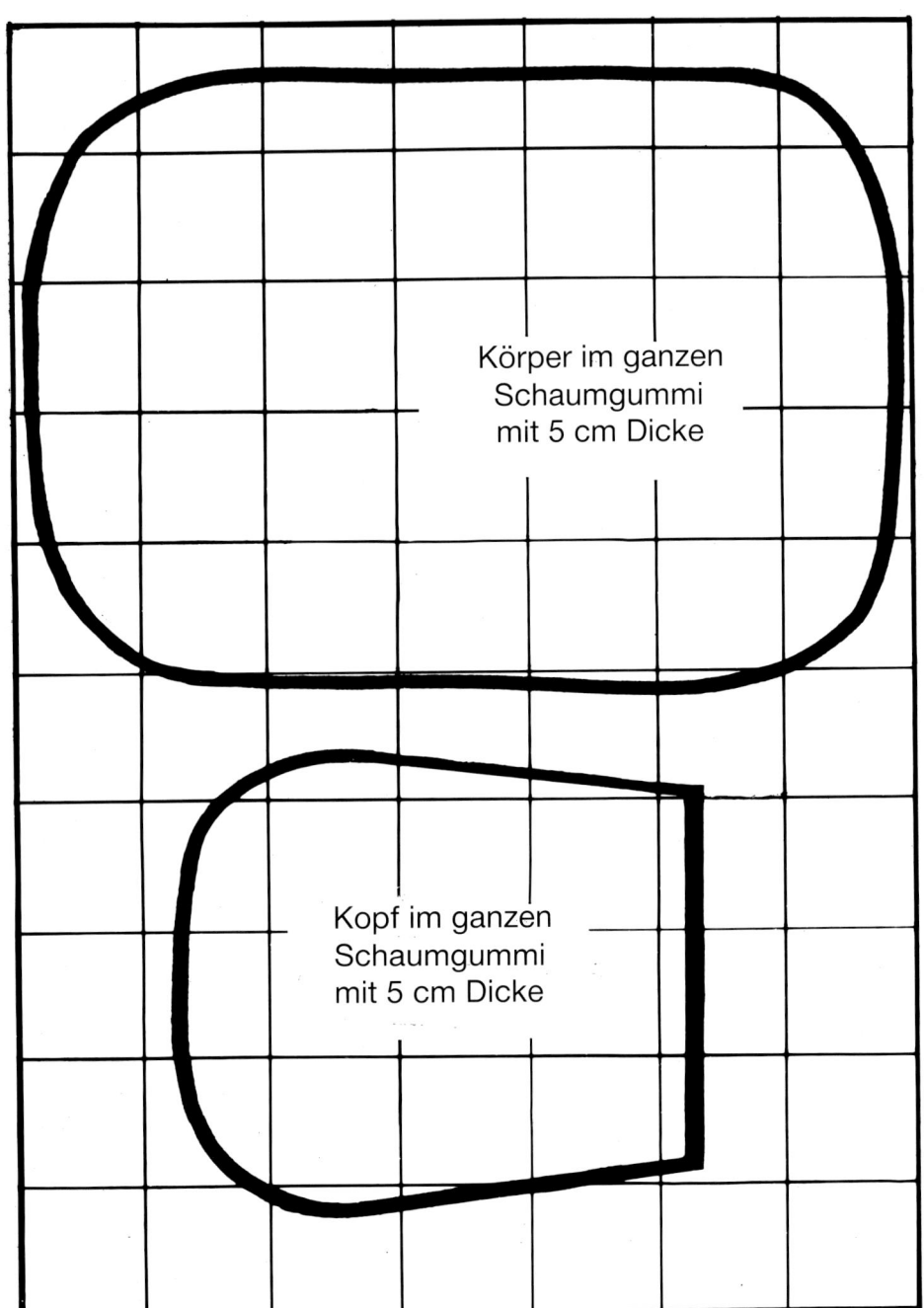

Körper im ganzen
Schaumgummi
mit 5 cm Dicke

Kopf im ganzen
Schaumgummi
mit 5 cm Dicke

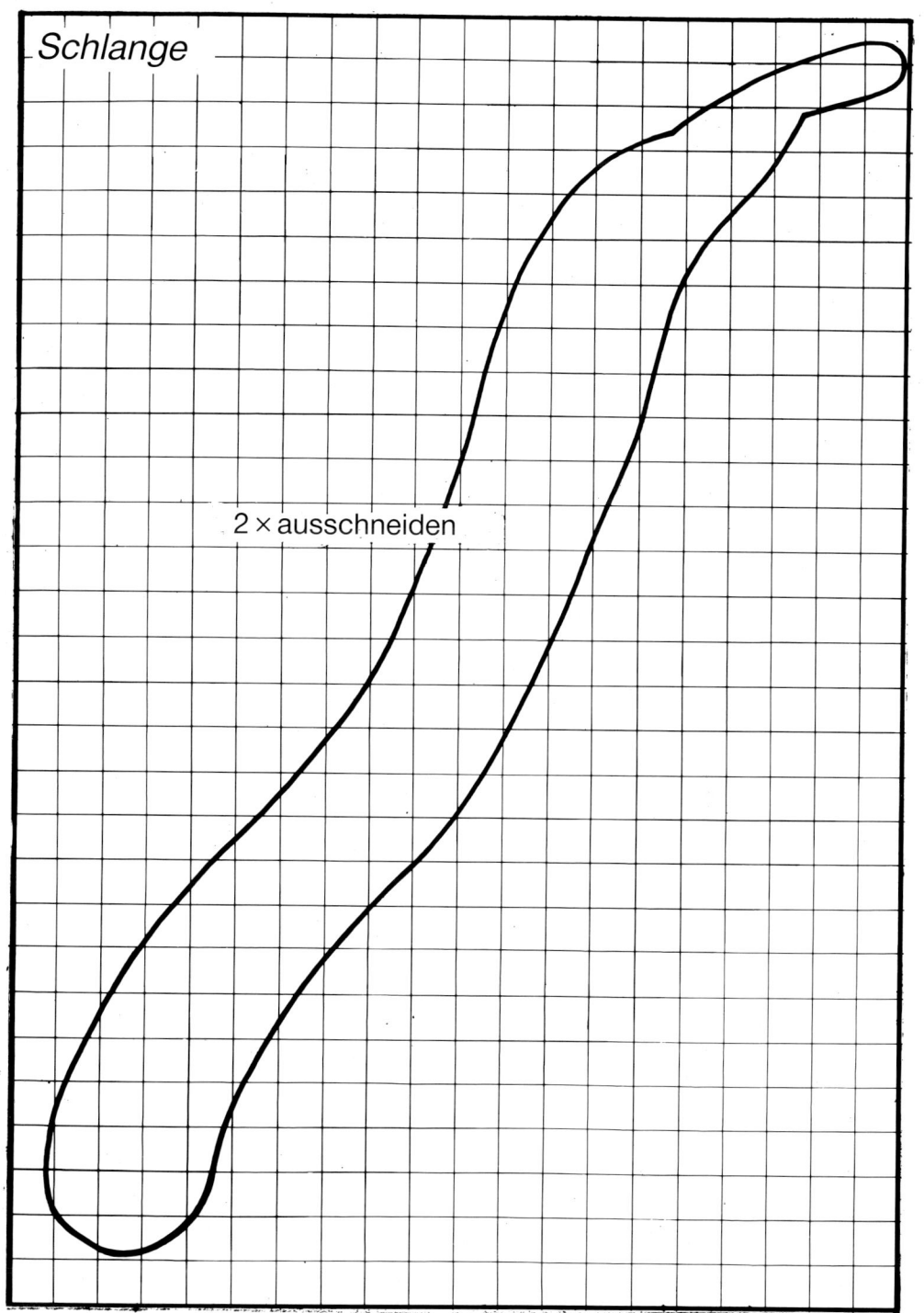

Schlange

2 × ausschneiden

Schaf

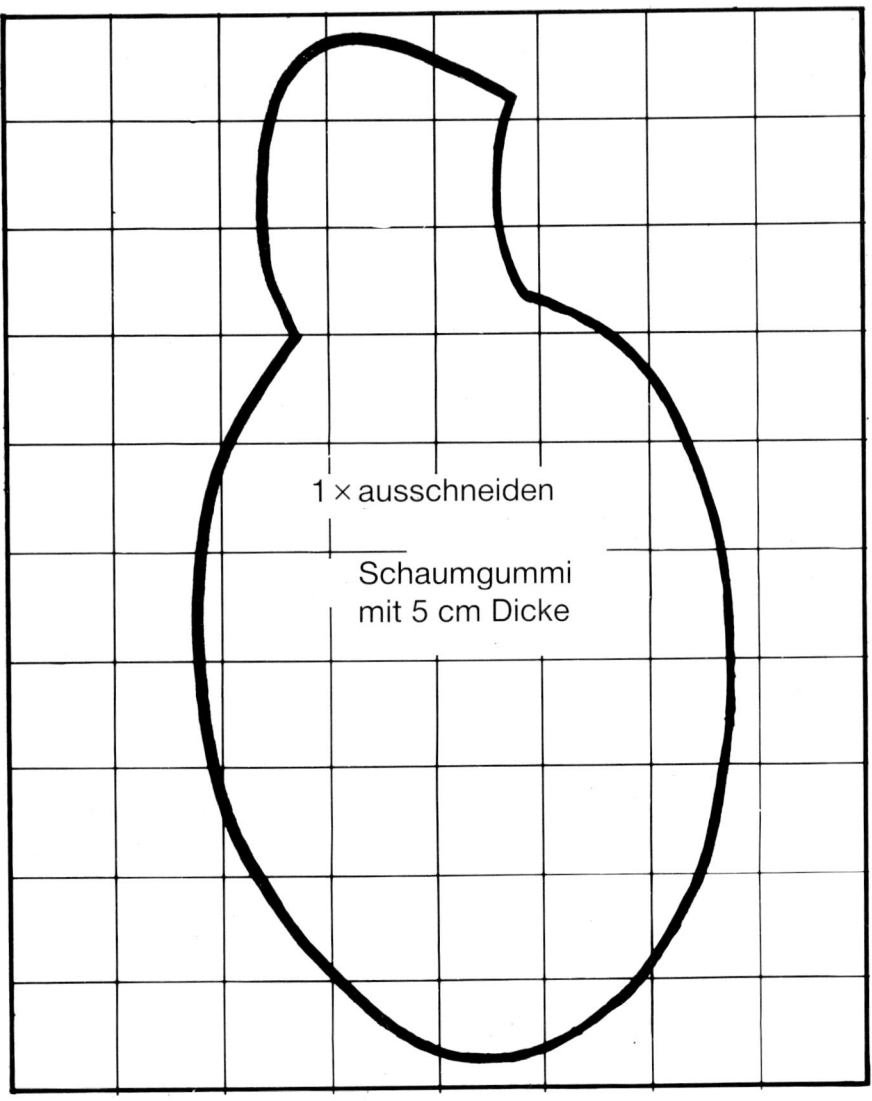

1 × ausschneiden

Schaumgummi
mit 5 cm Dicke

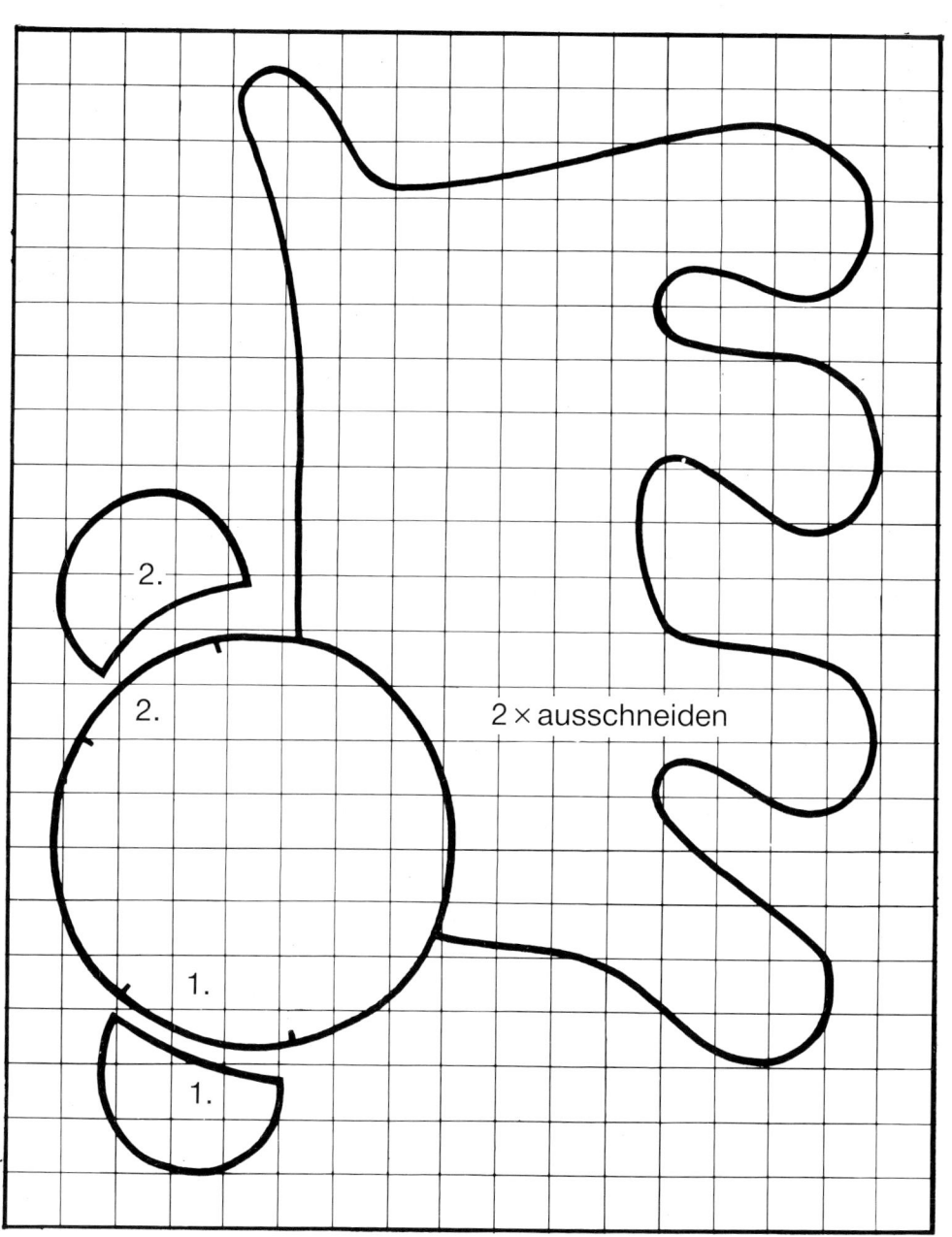

2.

2.

2 × ausschneiden

1.

1.

Eule

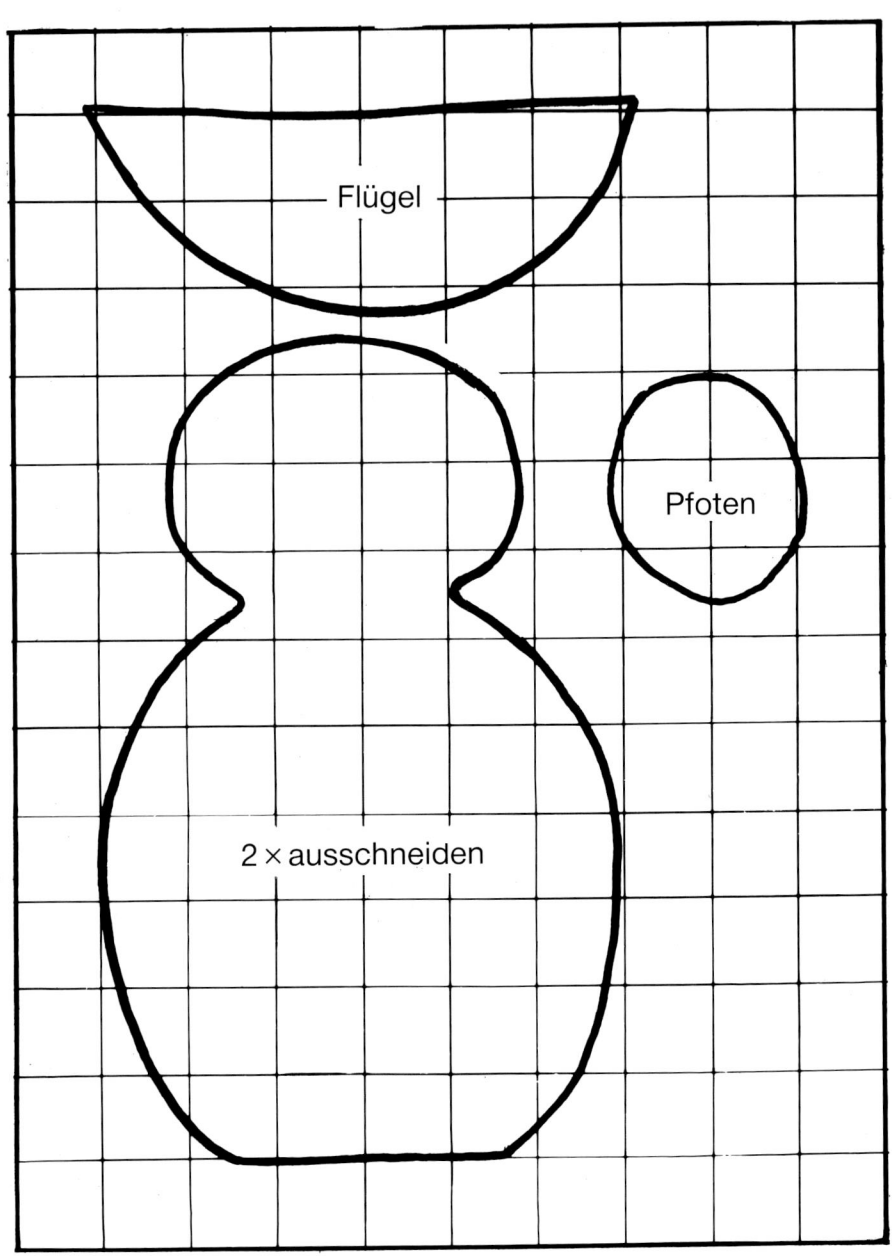

Flügel

Pfoten

2 × ausschneiden

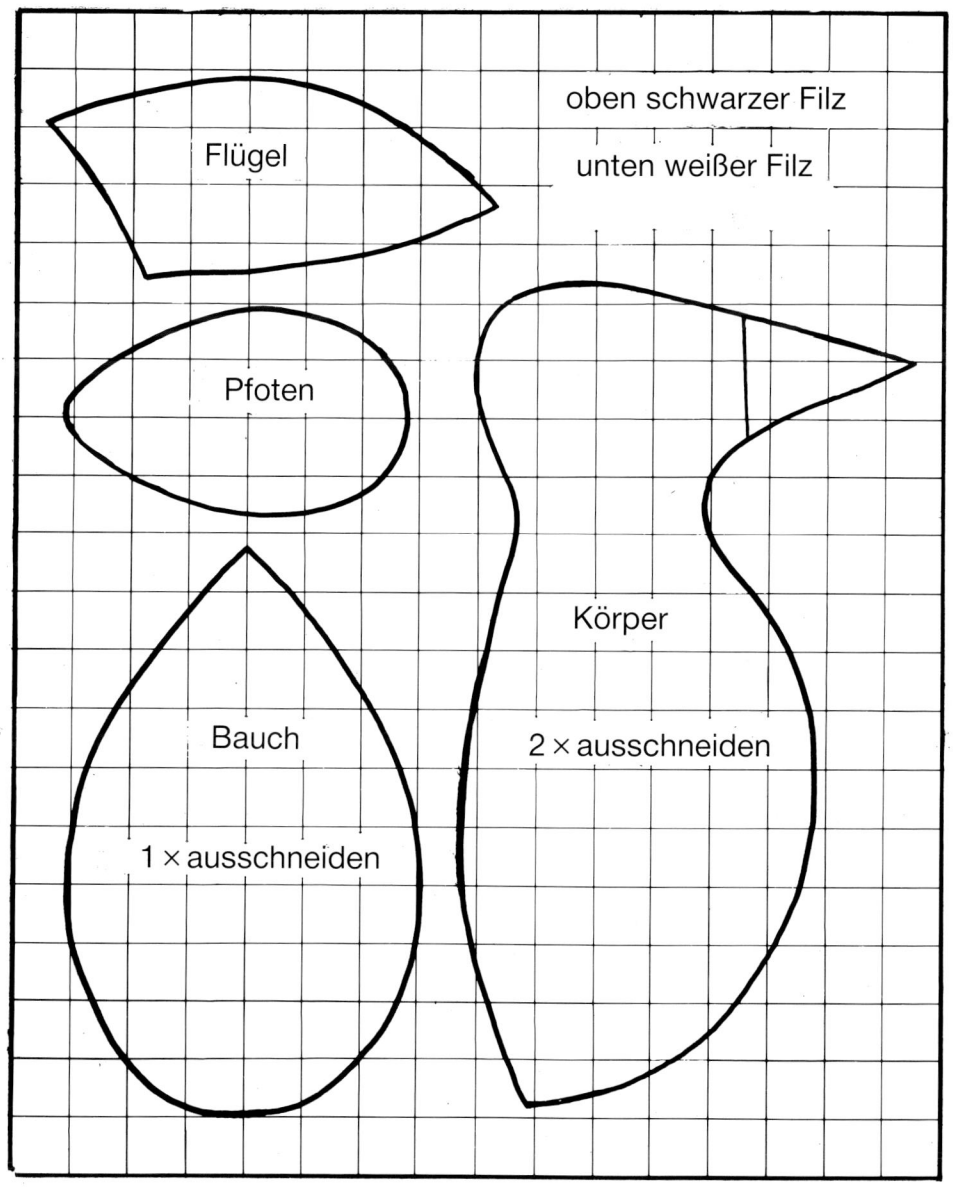

Flügel

oben schwarzer Filz

unten weißer Filz

Pfoten

Körper

2 × ausschneiden

Bauch

1 × ausschneiden

Meerschweinchen

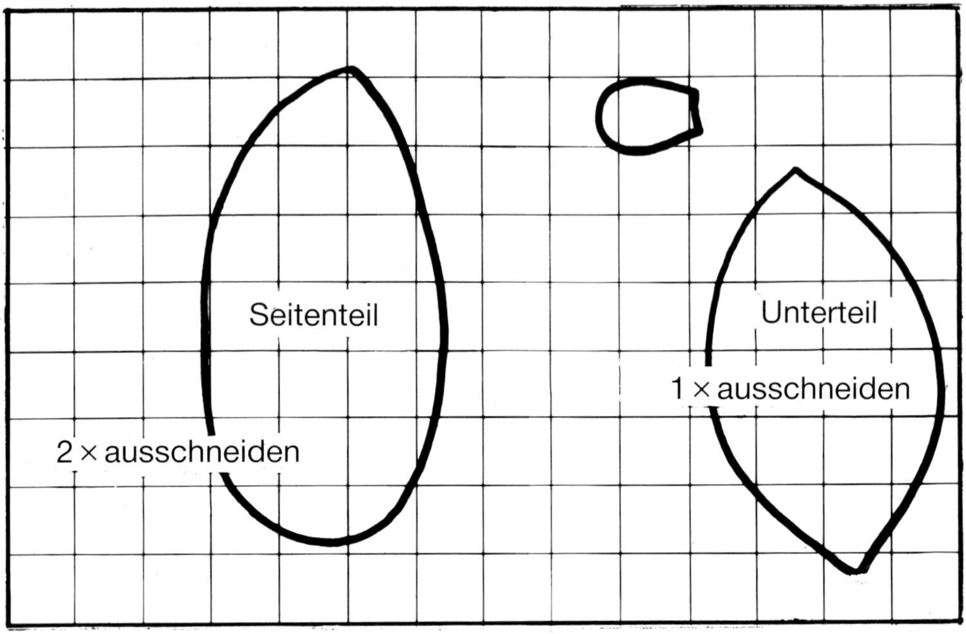

Seitenteil

2 × ausschneiden

Unterteil

1 × ausschneiden

Maus

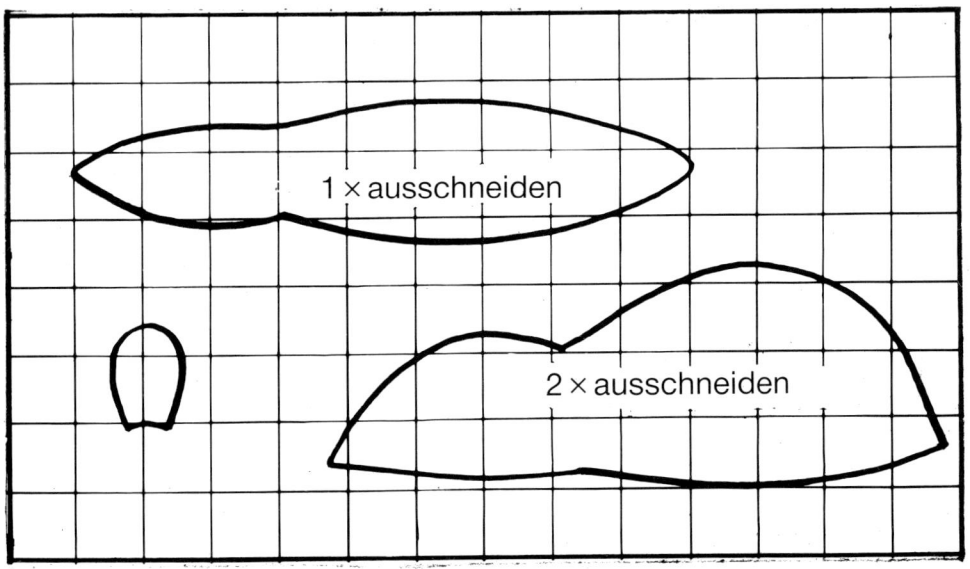

1 × ausschneiden

2 × ausschneiden

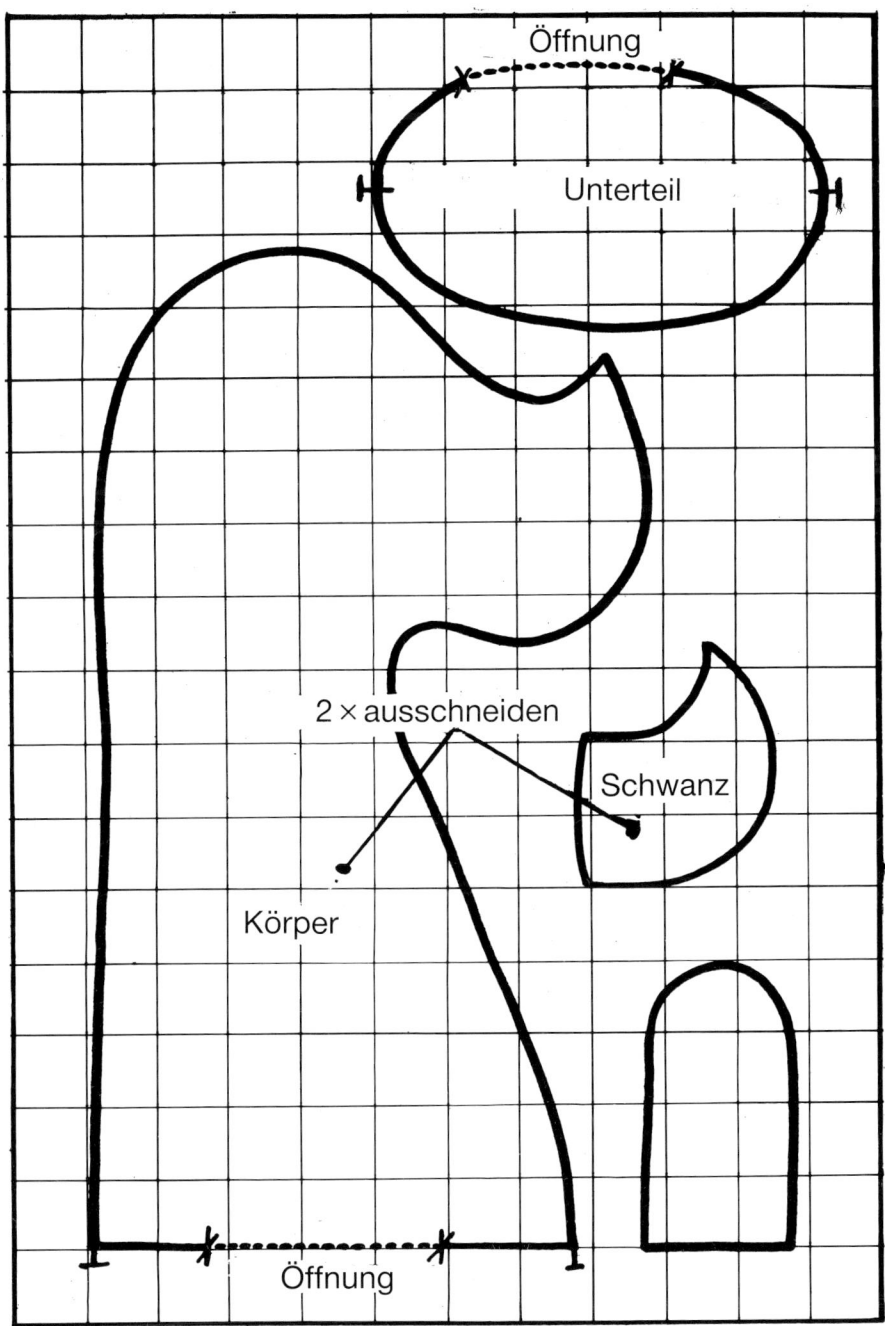

Öffnung

Unterteil

2 × ausschneiden

Schwanz

Körper

Öffnung

Giraffe

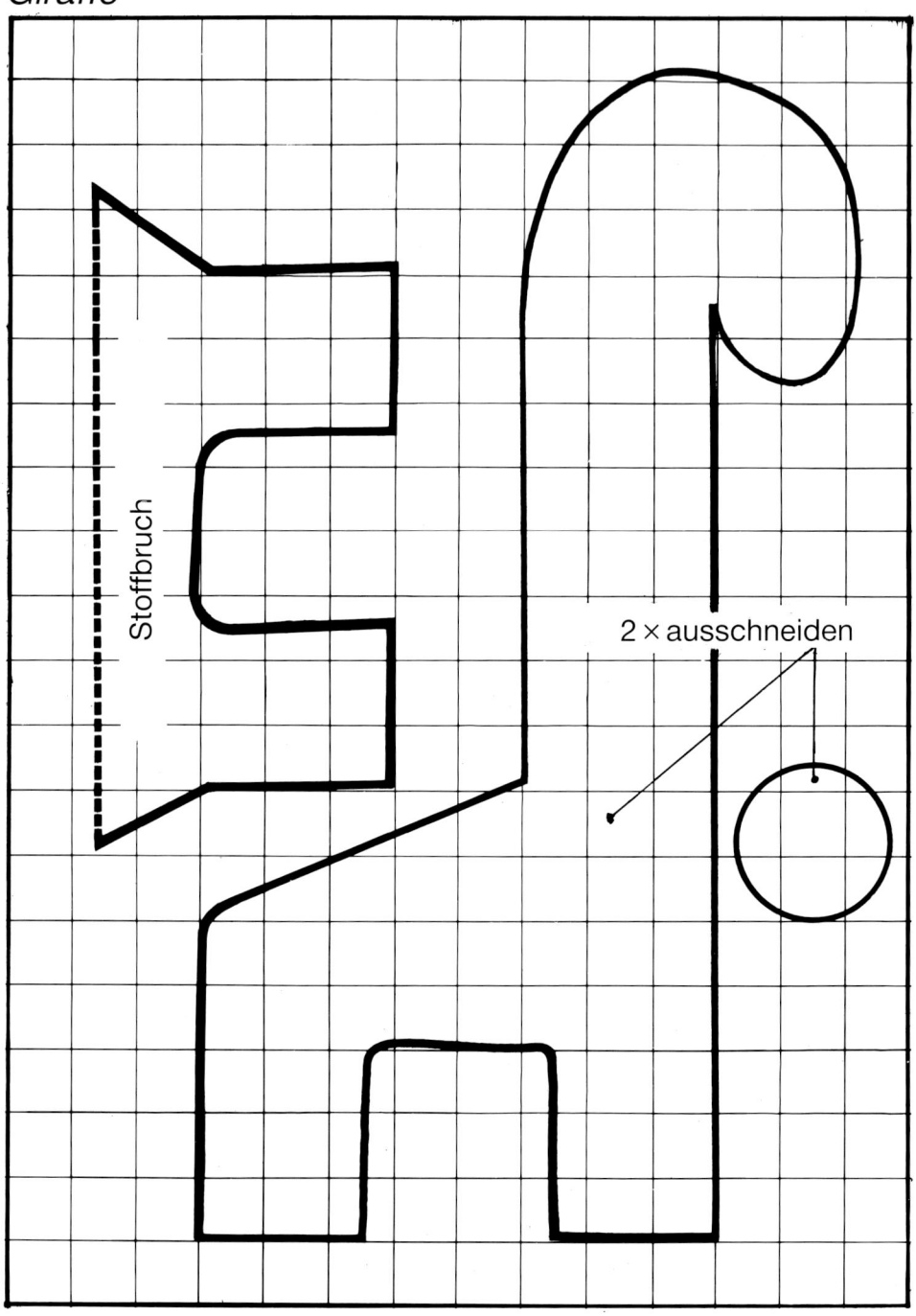

Stoffbruch

2 × ausschneiden

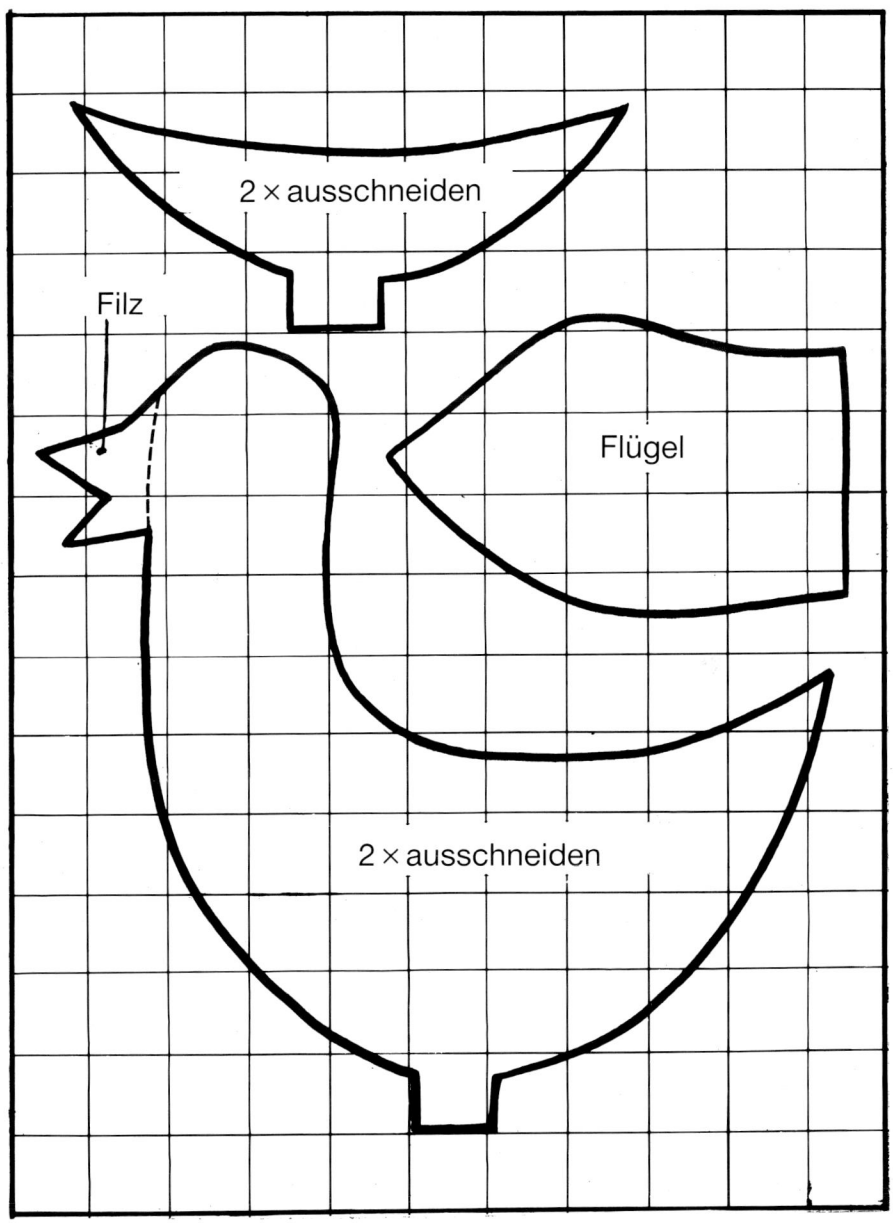

2 × ausschneiden

Filz

Flügel

2 × ausschneiden

Schildkröte

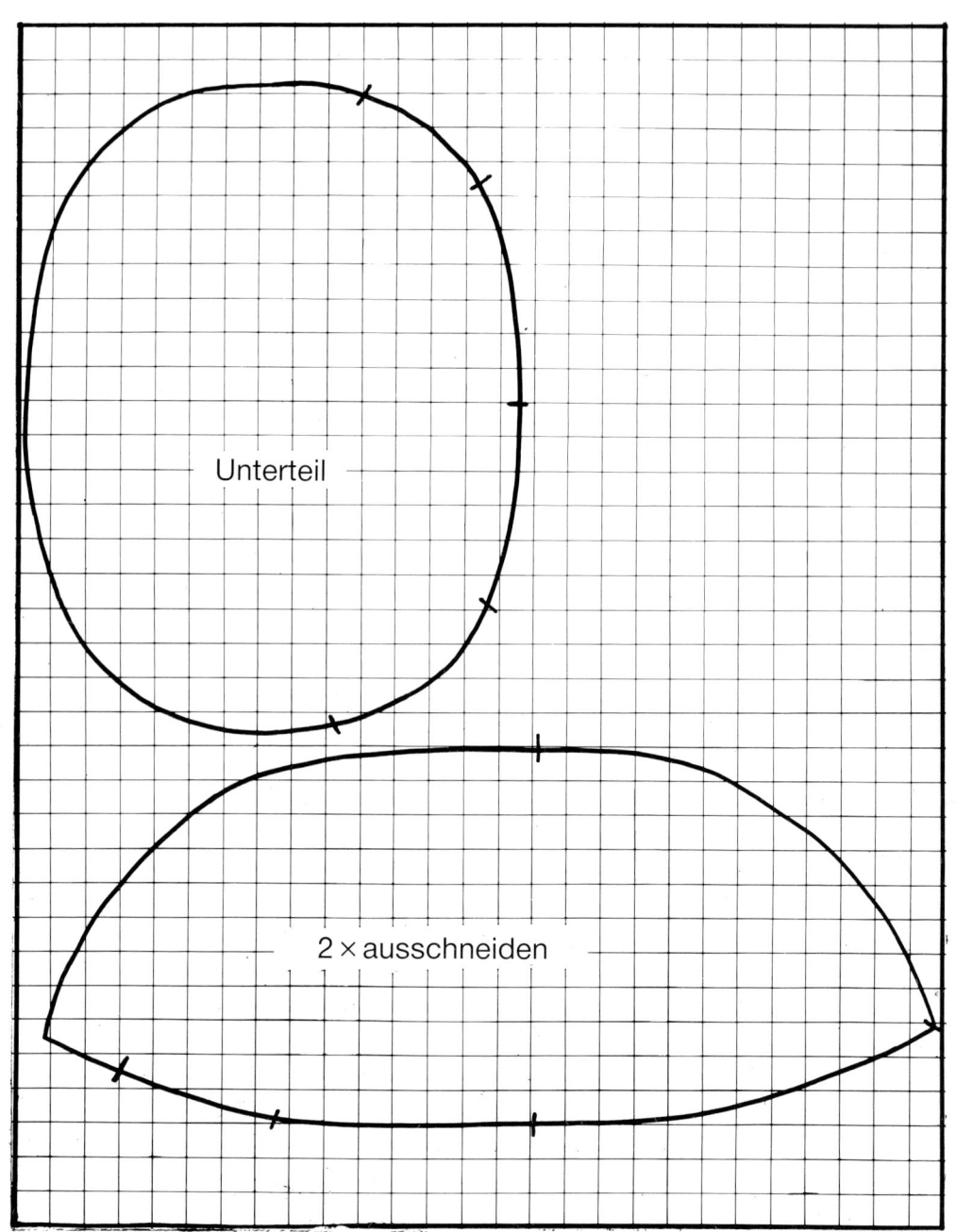

Unterteil

2 × ausschneiden

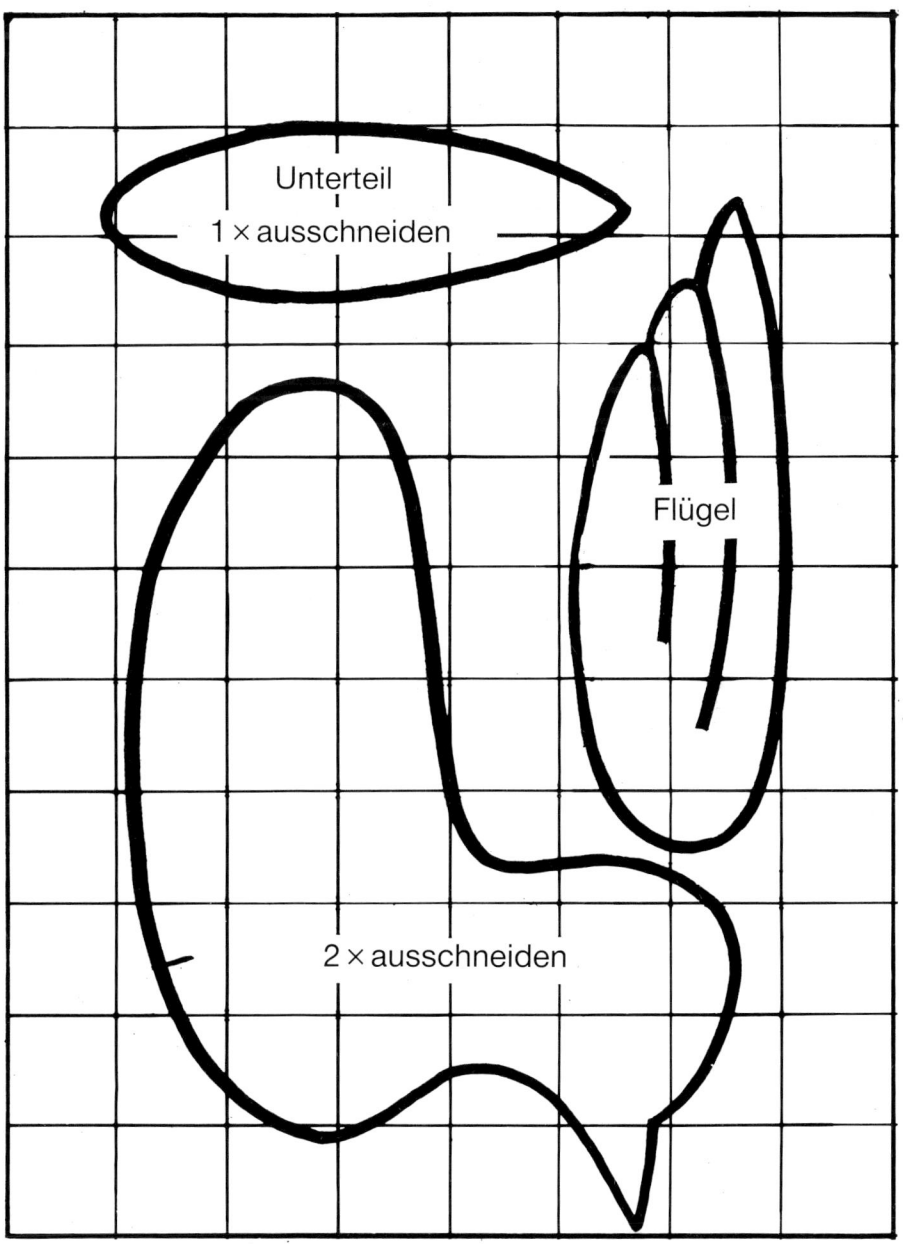

Unterteil
1 × ausschneiden

Flügel

2 × ausschneiden

Schwein

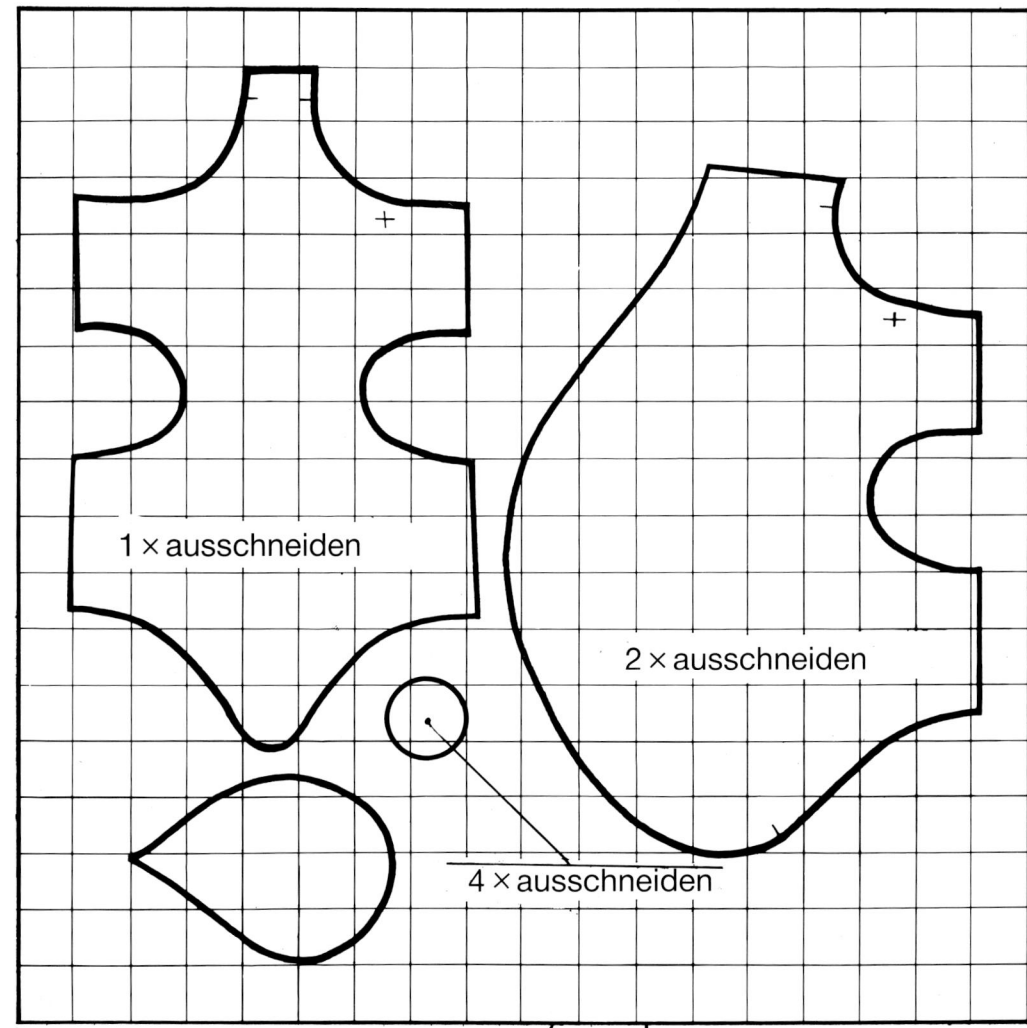

1 × ausschneiden

2 × ausschneiden

4 × ausschneiden

611 Zechlin, Wollreste
809 Vorländer, Filet-Häkeln für Fenster
958 Sorger, Stickerei als Volkskunst
948 Frankl, Spitzen für Taschentücher
676 Hagedorn, Leinenstickerei
1072 Harms, Bordenstickerei
1077 Brüggemann, Hardanger Stickerei
774 Gombert, Schwälmer Weißstickerei
885 Altner, Abstrakte Stickerei
639 Spandl, Kreuzstich
1039 Bildstein, Kreuzstich-Entwürfe
1040 Vandaele, Alpenblumen i. Kreuzstich
1130 Stöffler, Miniatur-Stickerei
744 Bellon, Klöppeln – kleiner Lehrgang
799 Krieger-Straub, Klöppeln, Mappe 1
806 Saupe, Klöppel-Bilder, Mappe 2
942 Scharck, Klöppeln, Mappe 6
1007 Löhr, Klöppeln, Mappe 8
1055 Simon, Bilderklöppeln, Mappe 9
1114 Bellon, Klöppeln, Mappe 10
1070 Saupe, Klöppel-Kunst
791 Graff-Höfgen, Occhi – Einführung
674 Walz, Makramee-Blumenampeln
895 Walz, Neue Blumenampeln
929 Niesseler, Makramee und Weben
943 Wenzky, Sprang
844 Lochbühler, Lampen gewebt…
677 Ralla, Lampen selbermachen
947 Peltola, Nähen mit der Nähmaschine
1076 Meinhardt, Freizeitkleidung nähen
1102 –, Freizeitkldg. a. Maschenstoff M 1
1103 –, Freizeitkldg. a. Maschenstoff M 2
1003 Kühnemann, Spannquadrate
945 Hellmann, Bäume textil gestaltet
810 Glende, Applikationen
1163 Woisin, Patchwork
1215 Haid/Rensing, Fensterbilder aus Tüll
705 Buchwald, Basteln mit Filz
697 Grauwiller, Filz dekorativ

Stoffe färben/Seidenmalerei

633 Wildschütte, Batiken – Lehrgang
1016 Schmidt, Stoffdruck Wege
1172 –, Kleidung selbst bemalt
1084 Blenkers, Textiles mit mod. Gags
769 Digne, Auf Seide malen
849 Kühnemann, Seidenmalen – Technik
812 –, Seidenmalerei, Mappe 1
848 –, Seidenmalerei, Mappe 2
980 Grupe, Seidenmalerei Vögel etc.
871 Lederle, Seidenmalerei, Block A 5
919 Martelli, Seidenmalerei, Block A 5
921 Groeger, Seidenmalerei z. Anziehen
1006 Barthelmes, S'malerei Modetrend
1023 Sakai, Seidenmalerei, Mappe 6
1024 Sakai, Seidenmalerei, Mappe 7
971 Keller, Seidenmode, handbemalt
1065 –, Watt. Pullover a. bemalter Seide
1064 –, Seidentücher
1073 –, Seidene Minitücher mit Pfiff
1229 –, Winter-Kollektion Polaris
1063 Fausel, Krawatten aus Seide, bemalt
1062 –, Seidenmal. f. Tücher und Kleidung
1230 –, Seidenmalerei für Tücher 2
1140 Carnet, Seidenkissen m. franz. Flair
1146 Kühnemann, Seidenmalerei – Kissen
1193 –, S'malen Schmuck, Karten, Miniat.
1222 –, Seidenmalerei Landschaften
1167 Ottelart, Seidenmalerei – neue Techn
1202 Bieber, S'malen fürs Kinderzimmer
1204 Keller, S'malerei T-Shirts
1203 –, S'decken u. Kissen bemal., nähen
1128 Fréchet, Spritztechnik auf Seide
949 Gaißer, Marmorieren auf Seide
1255 Bieber, Aquarellieren auf Seide
813 Krauss, Textile Miniaturen

Puppen + Spieltiere

1027 Reinckens, Puppen zum Liebhaben
957 Ganter, Puppenkinder…
1116 –, Puppenbabys in 5 Größen
662 Dvorak, Puppen selbstgemacht
1067 Franck, Schweizer Stoffpuppen
986 Franck, Puppengarderobe 1
987 Franck, Puppengarderobe 2
1036 Rasimus, Nähen für Puppen
946 Aurin, Puppenkleidung stricken
1035 Bardehle, Puppen-Boutique
776 Wittke, Gestr. Handspiel-Puppen
955 Ziegler, Puppen in Trachten
954 Heinrich, Trachtenpuppen
998 Herbstritt, Dekorative Puppen
896 Wolters, Exquisite Puppen modelliert
1108 Buresch, Werkbuch für
     Künstler-Puppen-Macher
938 Seyd, Porzellanpuppen
968 –, Stilvolle Puppenkleidung 1
969 –, Stilvolle Puppenkleidung 2
1049 –, Aufwendige Puppenkleidung
1050 –, Phantasievolle Puppenhüte
1051 –, P'kleidung für deutsche Puppen
1052 –, Puppenkleidung für Babypuppen
1053 –, Puppenkldg. für Charakterpuppen
1149 –, Stilvolle Puppenunterwäsche
1150 –, Stilvolle Puppenschuhe
1174 –, Puppenfrisuren
1236 –, Puppendoktor
1109 Stemmler, Abendmode für Barbie
1110 Stemmler, Sommermode für Barbie
1111 Stemmler, Wintermode für Barbie
1131 Wilms, Haus und Möbel für Puppen
1161 Davids, Puppenhaus z. Zus'klappen
853 Heinrich, Puppen aus Rupfen
967 Bardehle, Hexen
1048 Haid, Clowns aus eigener Werkstatt
1189 Meichtry, Clownsgesichter
1098 Mauerhofer, Elfen + Clowns
1113 Glende, Blumenelfen und -kinder
1142 Sanladerer, Masken als Dekoration
1260 –, Masken formen und bemalen
996 Buchhalter, Milieufiguren
680 Becker, Marionetten
1164 Koetzle, Zauberhafte Marionetten
627 Fettig, Kleine Bühne, großer Spaß
964 Walz, Spieltiere 1 (Plüsch)
863 Wittke, Gestrickte Handspiel-Tiere
1004 Zechlin, Stofftiere mit Pfiff
1078 Seyd, Stilvolle Teddys nähen
1079 –, Teddygarderobe selbermachen

Modische Accessoires

985 Terhoeven, Exquisit. Modeschmuck
1083 Kühnemann, Mod. Ketten modelliert
1148 Hettinger, Schmuckboutique
1228 Hettinger, Schmuckboutique 2
1169 Ohmann, Fantasiev. Modeschmuck
1244 Ohmann, Schmuck-Ideen
1211 Lemstra, Modischer Schmuck
1097 Lembke, Tiff.-Schmuck-Kreationen
1184 Terhoeven, Mit Federn schmücken
1227 Holl, Aktuelle Ketten

Metallarbeiten

925 Schöni, Kupferritzen
926 Schöni, Kupferritzen Vorlagen
548 Neumann-Leiminger, Metalldrücken
982 –, Metalldrücken, Vorlagen-Mappe
983 –, Metalldrücken, Block DIN A 4
658 Göhs, Galvanisieren
920 Haid, Aus Gold- und Silberdraht
1074 Fassnacht, Steg-Email Cloisonné

Ostern und Weihnachten

1183 Möller, Fensterbilder für Ostern
1192 Werner, Frühlingshafte Fensterbilder
1243 Täubner, Österliche Fensterbilder
1246 Täubner, Anhänger als Ostergruß
1249 Möller, Osterbasteleien a. Tonkarton
1185 Kumpfmüller, Frühl./Osterschmuck
1251 –, Frühlingsboten aus Seidenblumen
1245 Bergamin, Frühlingsfroher O'schmuck
1248 Holl, Freude am Frühling
1186 Walz, Floristischer Osterschmuck
923 –, Fröhliches Osterbasteln
1000 –, Familienbasteln zu Ostern
1057 Bardehle, Kleine Basteleien f. Kinder
1247 Maesmanns, Kinder basteln f. Ostern
1123 Oelmaier, Osterpalmen - O'schmuck
1056 Rensing, Österlicher Schmuck
1029 Holl, Gestecke und Kränze für Ostern
1122 Baumann, Frühlings-/Osterschmuck
959 Bösch, Rupfenpuppen + -hasen
1250 Walz, Eierkränze als Dekoration
802 v. Hennet, Ostereier-Osterschmuck
940 Bott, Ostereier mit Pflanzen färben
993 Kurz, Wachsfarbengravierte O'eier
1127 Sanladerer, Perlen-Eier
1238 Gaißer, Marmorierte Eier
991 Harms, Das schöne Ei
1121 –, Schöne Eier, Band 2
1058 Köhler, Kunst auf Eiern, Band 1
1101 –, Kunst auf Eiern, Band 2
743 Wurst, Adventskalender
1026 –, Adventskalender, Neue Ideen
952 Raffel, Adventszeit floristisch
1018 Glende, Adventsschmuck zeitlos
1105 Raffel, Dekorativer Advent
1153 Holl, Gestecke und Kränze f. Advent
1154 Baumann, Adventskränze, Neue Ideen
1155 Bergamin, Gestecke f. Weihnachten
1156 Zechlin, Weihn. Basteln mit Kindern
731 Kühnemann, Basteln Weihnachten
965 Kauffmann, Weihn. Raumschmuck
1017 Glende, Christbaumschmuck
1090 Hettinger, Weihnachtliches Basteln
843 Walz, Weihnachtliches aus Stroh
1088 –, Festliche Sterne aus Goldfolie
1158 Werner, Weihnachtl. Fensterbilder
1239 Möller, Fensterbilder im Advent
1216 Täubner, Winterliche Fensterbilder
1217 –, Weihn. Anhänger aus Tonkarton
1100 Haid, Weihnachtsengel
1157 Täubner, Krippen bauen
1009 Bösch, Krippendarst. aus Rupfen
1089 Erlenmaier, Krippenfiguren aus Ton
933 Frischmann, Natürl. Weihn.-Bäckerei
1021 –, Dekorieren mit Lebkuchen

Verschiedenes

539 Kühnemann, Nie mehr Langeweile
540 Kühnemann, Kindergeburtstag
649 Koch, Buddelschiffe
1141 Fischer, Edelsteinbäumchen
1075 Rieger, Accessoires aus Leder
1034 Dilger, Werken mit Gießpulver
1044 Kumpfmüller, Wachsschnüre
1025 Zeller, Kerzen verzieren
589 Zechlin, Einbetten in Gießharz
825 Haid, Ideen für Mini-Wandbilder
699 Homeister, Genähte Fensterbilder
823 Buchwald, Basteln mit Styropor
797 Zechlin, Kl. Geschenke + Mitbringsel
1152 Kurz, Geldgeschenke – originell
1151 Becker, Marmelade, Konfitüre …
936 Frischmann, Naturkost-Süßigkeiten
937 Laue, Hübsch verpacken
1132 –, Hübsch verp. f. Fortgeschrittene
1256 Bind, Verpackungen die Spaß machen